PHILLIS WHEATLEY

POETA AFROAMERICANA

J. T. MORIARTY

TRADUCCIÓN AL ESPAÑOL:
EIDA DE LA VEGA

The Rosen Publishing Group, Inc.
Editorial Buenas Letras™
New York

Published in 2004 by The Rosen Publishing Group, Inc.
29 East 21st Street, New York, NY 10010

First Spanish Edition 2004
First English Edition 2004

Cataloging Data

Moriarty, J.T.
[Phillis Wheatley. Spanish]
Phillis Wheatley: Poeta afroamericana / by J.T. Moriarty. — 1st ed.
     v. cm. — (Grandes personajes en la historia de los Estados Unidos)
Includes bibliographical references and index.
Contents: Phillis's early years — Phillis writes poetry — Phillis is published — The end of Phillis's life — Timeline — Glossary.
ISBN 0-8239-4143-4 (lib. bdg.)
ISBN 0-8239-4237-6 (pbk.)
6-pack ISBN 0-8239-7612-2
1. Wheatley, Phillis, 1753-1784—Juvenile literature. 2. Poets, American—Colonial period, ca. 1600-1775—Biography—Juvenile literature. 3. African American women poets—Biography—Juvenile literature. 4. Slaves—United States—Biography—Juvenile literature. 5. African American poets—Biography—Juvenile literature. [1. Wheatley, Phillis, 1753-1784. 2. Poets, American. 3. Slaves. 4. African Americans—Biography. 5. Women—Biography. 6. Spanish language materials.]
I. Title. II. Series: Primary sources of famous people in American history. Spanish.
PS866.W5Z626 2003
811'.1—dc21

Manufactured in the United States of America

Photo credits: cover, pp. 10, 27 © Bettmann/Corbis; p. 5 The University of Florida, George A. Smathers Libraries; pp. 6, 26 Library of Congress Rare Book and Special Collections Division; pp. 7, 18 © Corbis; pp. 9, 23 © North Wind Picture Archives; p. 11 © SuperStock, Inc.; pp. 12, 21 Private Collection/Bridgeman Art Library; p. 13 courtesy of the Library Company of Philadelphia; p. 15 courtesy of the Massachusetts Historical Society; p. 16 Scottish National Portrait Gallery, Edinburgh, Scotland/Bridgeman Art Library; p. 17 Library of Congress, Manuscript Division; pp. 19, 29 courtesy of the Rare Books and Manuscripts Collection, The New York Public Library, Astor, Lenox, and Tilden Foundations; p. 20 courtesy of the Phelps Stokes Collection, Miriam and Ira D. Wallach Division of Art, Prints, and Photographs, The New York Public Library, Astor, Lenox, and Tilden Foundations; p. 25 Photographs and Prints Division, Schomburg Center for Research in Black Culture, The New York Public Library, Astor, Lenox, and Tilden Foundations.

Designer: Thomas Forget; Editor: Jill Jarnow; Photo Researcher: Rebecca Anguin-Cohen

CONTENIDO

1 LOS PRIMEROS AÑOS DE PHILLIS

Corría el año 1761. Los hombres blancos navegaron hacia África. Ahí capturaron a muchos africanos a quienes llevaron a las colonias americanas para venderlos como esclavos. Entre ellos tomaron prisionera a una niña de unos siete años y la obligaron a subir a un barco. La niña fue transportada junto con otros africanos que habían sido secuestrados. Había hombres, mujeres, niños y niñas.

¿SABÍAS QUE...?

Phillis llegó a la ciudad de Boston el 11 de julio de 1761.

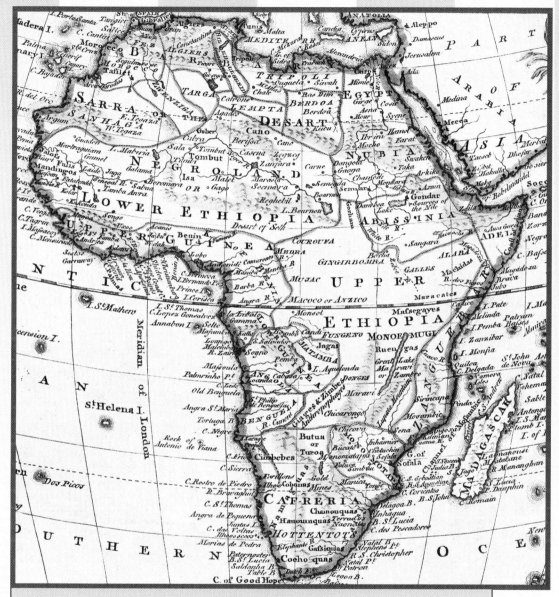

El barco de esclavos que trajo a Phillis a Boston venía de la costa oeste de África. Este mapa de África fue dibujado en 1771.

El barco navegó por una larga y agotadora ruta usada por los barcos esclavistas para viajar de África a América.

Las condiciones en los barcos eran terribles. Los africanos viajaban amontonados. Estaba oscuro y hacía calor. Los ataban con pesadas cadenas. Apenas se podían mover. No tenían mucho para comer ni para beber.

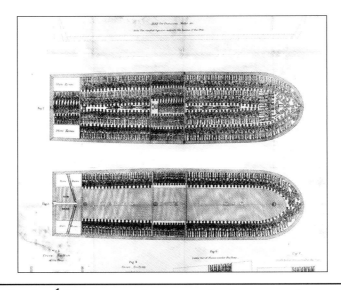

El viaje desde África en un barco esclavista tomaba meses. Muchos esclavos se enfermaban y morían. Algunos, incluso, trataban de quitarse la vida.

El artista tituló este grabado *Vida y muerte del océano*. Muestra a los africanos prisioneros en un barco de esclavos.

El barco finalmente llegó a Boston y la pequeña niña fue vendida en una subasta. Estaba muy débil. Todo lo que tenía puesto era un pedazo de alfombra sucia. Le faltaban dos dientes frontales.

La familia Wheatley la compró. Ellos no sabían su nombre. Ella no se los podía decir pues no hablaba inglés. La llamaron Phillis. Era el nombre del barco que la había traido.

LOS HERMANOS WHEATLEY

Los hijos de los Wheatley eran gemelos. Se llamaban Mary y Nathaniel.

TO BE SOLD *by* William Yeomans, *(in Charles Town Merchant,)* a parcel of good Plantation Slaves. Encouragement will be given by taking Rice in Payment, or any Time Credit, Security to be given if required. There's likewise to be sold, very good Troop-leg saddles and Furniture, choice Barbados and Boston Rum, also Cordial Waters and Limejuice, as well as a parcel of extraordinary Indian trading Goods, and many of other sorts suitable for the Season.

ILLUSTRATED ADVERTISEMENT, FROM THE "CHARLESTON GAZETTE," 1744.

La Gaceta de Charleston en Carolina del Sur anuncia una venta de esclavos, en 1744.

Phillis estaba demasiado enferma como para trabajar duro en la casa. Pero era muy inteligente. Mary Wheatley le enseñó a Phillis a hablar, leer y escribir en inglés. También le enseñó a leer en latín. Phillis se esforzaba mucho. Pronto pudo leer la Biblia. La señora Wheatley estaba muy contenta de ver lo rápido que aprendía Phillis.

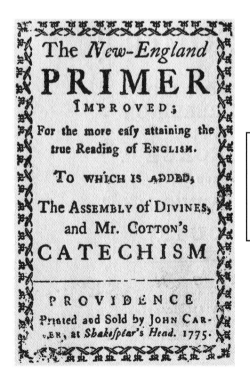

Phillis pudo haber aprendido a leer con un libro parecido a éste.

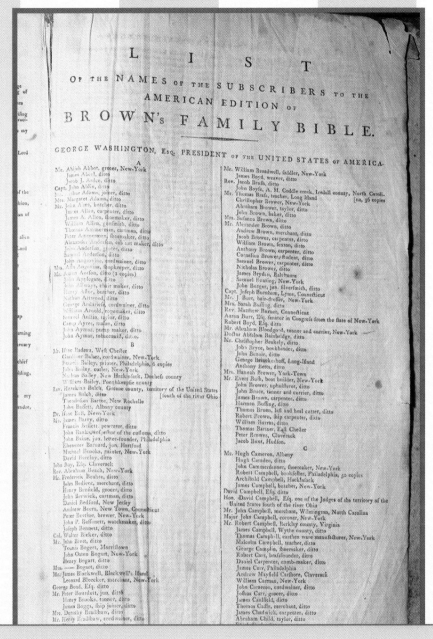

El reverendo John Brown de Escocia escribió una Biblia en inglés coloquial en 1778. Fue publicada en Estados Unidos cuando George Washington era presidente (1789–1793).

2 PHILLIS ESCRIBE POESÍA

Los negros de África tenían una cultura diferente a la de los blancos de Estados Unidos. La mayoría de la gente blanca no los entendía. Pensaban que los africanos eran inferiores. Trataban a los esclavos africanos como animales.

Muchos blancos estaban impresionados con Phillis. Como sabía leer y escribir, la trataban mejor que a los demás esclavos.

Phillis llegó a ser muy conocida por su poema *En la muerte del reverendo George Whitefield. 1770.* El reverendo Whitefield *(izquierda)* trató de fundar una escuela para negros libres.

An ELEGIAC

POEM,

On the DEATH of that celebrated Divine, and eminent Servant of JESUS CHRIST, the late Reverend, and pious

GEORGE WHITEFIELD,

Chaplain to the Right Honourable the Countess of Huntingdon, &c &c.

Who made his Exit from this transitory State, to dwell in the celestial Realms of Bliss, on LORD's-Day, 30th of September, 1770, when he was seiz'd with a Fit of the Asthma, at Newbury-Port, near Boston, in New-England. In which is a Condolatory Address to His truly noble Benefactress the worthy and pious Lady Huntingdon,—and the Orphan-Children in Georgia; who, with many Thousands, are left, by the Death of this great Man, to lament the Loss of a Father, Friend, and Benefactor.

By Phillis, a Servant Girl of 17 Years of Age, belonging to Mr. J. Wheatley, of Boston :—And has been but 9 Years in this Country from Africa.

HAIL happy Saint on thy immortal throne !
   To thee complaints of grievance are unknown ;
We hear no more the music of thy tongue,
Thy wonted auditories cease to throng.
Thy lessons in unequal'd accents flow'd !
While emulation in each bosom glow'd ;
Thou didst, in strains of eloquence refin'd,
Inflame the soul, and captivate the mind.
Unhappy we, the setting Sun deplore !
Which once was splendid, but it shines no more ;
He leaves this earth for Heaven's unmeasur'd height :
And worlds unknown, receive him from our sight ;
There WHITEFIELD wings, with rapid course his way,
And sails to Zion, through vast seas of day.

When his AMERICANS were burden'd sore,
When streets were crimson'd with their guiltless gore !
Unrival'd friendship in his breast now strove :
The fruit thereof was charity and love
Towards America——couldst thou do more
Than leave thy native home, the British shore,
To cross the great Atlantic's wat'ry road,
To see America's distress'd abode ?
Thy prayers, great Saint, and thy incessant cries,
Have pierc'd the bosom of thy native skies !
Thou moon hast seen, and ye bright stars of light
Have witness been of his requests by night !
He pray'd that grace in every heart might dwell :
He long'd to see America excell ;
He charg'd its youth to let the grace divine
Arise, and in their future actions shine ;
He offer'd THAT he did himself receive,

A greater gift not GOD himself can give :
He urg'd the need of HIM to every one ;
It was no less than GOD's co-equal SON !
Take HIM ye wretched for your only good ;
Take HIM ye starving souls to be your food ;
Ye thirsty, come to this life giving stream :
Ye Preachers, take him for your joyful theme :
Take HIM, " my dear AMERICANS," he said,
Be your complaints in his kind bosom laid :
Take HIM ye Africans, he longs for you ;
Impartial SAVIOUR, is his title due ;
If you will chuse to walk in grace's road,
You shall be sons, and kings, and priests to GOD.

Great COUNTESS ! we AMERICANS revere
Thy name, and thus condole thy grief sincere :
We mourn with thee, that TOMB obscurely plac'd,
In which thy Chaplain undisturb'd doth rest.
New-England sure, doth feel the ORPHAN's smart ;
Reveals the true sensations of his heart :
Since this fair Sun, withdraws his golden rays,
No more to brighten these distressful days !
His lonely Tabernacle, sees no more
A WHITEFIELD landing on the British shore :
Then let us view him in yon azure skies :
Let every mind with this lov'd object rise.
No more can he exert his lab'ring breath,
Seiz'd by the cruel messenger of death.
What can his dear AMERICA return ?
But drop a tear upon his happy urn,
Thou tomb, shalt safe retain thy sacred trust,
Till life divine re-animate his dust.

Sold by EZEKIEL RUSSELL, in Queen-Street, and JOHN BOYLES, in Marlboro'-Street.

Phillis escribió un poema a la memoria del reverendo George Whitefield. Tenía alrededor de 17 años. Fue publicado en Nueva Inglaterra y Gran Bretaña, y le ganó muchos admiradores.

Phillis pronto empezó a escribir poesía. Escribía sobre religión. Escribía sobre personas que conocía y cosas que veía. Escribía acerca de personas famosas como George Washington. A la señora Wheatley le gustaba su poesía. La animaba a seguir escribiendo.

En algunos aspectos, los Wheatley la trataban como a un miembro más de la familia. Estaban muy orgullosos de ella. Pero seguía siendo esclava.

LA FAMOSA PHILLIS

Muchos blancos venían a conocer a Phillis. La consideraban una maravilla viviente. Era algo inusual porque aunque era afroamericana podía leer y escribir poesía.

Phillis Wheatley escribió este poema cuando tenía alrededor de 14 años. La gente de Boston estaba asombrada tanto por su talento como por su hermosa caligrafía.

An Address to the Atheist. By P. Wheatley at the age of 14 years — 1767

Muse! where shall I begin the spacious field
To tell what curses unbelief doth yield?
Thou who dost daily feel his hand, and rod
Darest thou deny the Essence of a God!
If there's no heav'n, ah! whither wilt thou go
Make thy Elysium in the shades below?
If there's no God from whom did all things Spring
He made the greatest and minutest Thing
Angelic ranks no less his Power display
Than the least mite scarce visible to Day
With vast astonishment my soul is struck
Have Reasoning powers thy dark breast forsook?
The Laws deep Graven by the hand of God.
Seal'd with Immanuels' all-redeeming blood:
This second point thy folly dares deny
On thy devoted head for vengeance cry —
Turn then I pray thee from the dangerous road
Rise from the dust and seek the mighty God.
His is bright truth without a dark disguise
And his are wisdom's all beholding Eyes.
With labour'd snares our Adversary great
With holds from us the Kingdom and the seat
Bliss weeping waits thee, in her arms to fly
To his own regions of felicity —
Perhaps thy ignorance will ask us where?
Go to the Corner Stone he will declare.
Thy heart in unbelief will harden'd grow
Tho' much indulg'd in vicious pleasure now —
Thou tast'st unusual means; the path forbear
Unkind to others to thy self severe
Methinks I see the consequence thou'rt blind
Thy unbelief disturbs the peaceful Mind.

Muchos blancos no creían que Phillis pudiera escribir poemas. La mayoría de los blancos pensaba que la gente de piel oscura no era inteligente. Blancos famosos habían escrito artículos acerca de los negros. Decían que la gente de piel oscura pertenecía a una especie diferente.

David Hume, un importante filósofo escocés, fue uno de los que no creía que Phillis pudiera haber escrito poemas.

the delay, and plead my excuse for the seeming, but not real neglect.

I thank you most sincerely for your polite notice of me, in the elegant Lines you enclosed; and however undeserving I may be of such encomium and panegyrick, the style and manner exhibit a striking proof of your great poetical Talents. In honour of which, and as a tribute justly due to you, I would have published the Poem, had I not been apprehensive, that while I only meant to give the World this new instance of your genius, I might have incurred the imputation of Vanity. This and nothing else, determined me not to give it place in the public Prints.

If you should ever come to Cambridge, or near Head Quarters, I shall be happy to see a person so favoured by the Muses, and to whom nature has been so liberal and beneficent in her dispensations.

I am, with great Respect,
Your obedt humble servant,
G. Washington.

No. 7. To the Honble Landon Carter, Esqr. Virga.

Cambridge. March 25th 1776.

Dear Sir,

I have been honoured with your favour of the 20th Ultimo, and although I might intrench myself behind —

Phillis envió a George Washington un poema que le había dedicado. Él le envió una carta de agradecimiento el 28 de febrero de 1776. En ella elogiaba su talento y la invitaba a visitarlo.

El señor Wheatley quería probar que Phillis era muy inteligente. Quería mostrarle al mundo que ella sí había escrito los poemas.

Le pidió a un grupo de hombres de Boston que interrogaran a Phillis. Allí estaban el gobernador de Massachusetts, John Hancock, y algunos líderes religiosos. Decidieron que ella era en verdad inteligente.

Casi todos los hombres que interrogaron a Phillis para comprobar que en realidad era inteligente poseían esclavos. Uno de ellos fue John Hancock *(izquierda)*.

John Wheatley escribió una introducción al libro de Phillis. Quería que la gente supiera que ella sí había escrito los poemas. En esa época, mucha gente no creía que los africanos pudieran aprender a leer y a escribir.

19

En aquella época, Massachusetts era una colonia británica. Muchos colonos estaban descontentos con el gobierno británico. No querían pagar impuestos a Gran Bretaña por el té y por otros productos. Los colonos estaban dispuestos a luchar por su libertad. La Guerra de Independencia iba a comenzar. Phillis vería los sucesos desde su casa en Boston.

Phillis había oído sobre la Fiesta del Té de Boston *(Boston Tea Party)*. Ocurrió cerca de donde vivía en 1773.

La batalla de Bunker Hill transcurrió cerca de Boston en 1775. Fue la primera gran batalla de la Guerra de Independencia. Fue prueba de que los norteamericanos podían librar batallas contra los ingleses.

3 PHILLIS ES PUBLICADA

Phillis escribió muchos poemas. La señora Wheatley había buscado la forma de publicarlos. Phillis escribió un libro. Nadie en Boston lo publicaría porque había sido escrito por una esclava. Los Wheatley enviaron una copia a Londres. Archibald Bell accedió a publicarlo allí. Tendría un retrato de Phillis en la cubierta, así la gente sabría que era negra.

¿SABÍAS QUE...?

Se cree que fue el esclavo Scipio Moorhead quien trazó el retrato de Phillis que aparece en el libro.

El retrato de Phillis Wheatley aparece en la cubierta de su libro. Fue publicado en 1773 y constituye el primer libro de poesía escrito por un afroamericano.

El libro de Phillis se publicó en Londres. Ella y el señor Wheatley zarparon hacia Gran Bretaña. El aire de mar le sentaba bien al asma de Phillis.

Phillis conoció muchas celebridades en Londres. Incluso el rey Jorge quiso conocerla. Cuando Phillis y el señor Wheatley regresaron a Boston, los Wheatley la liberaron. ¡Ya no era una esclava!

POETISAS EN NORTEAMÉRICA

Anne Bradstreet fue la primera poeta de Norteamérica en ser publicada. Phillis fue la segunda.

Éste es un retrato de Phillis Wheatley con un vestido elegante y joyas. Apareció en una revista francesa entre 1834 y 1842.

4 LOS ÚLTIMOS AÑOS

Los Wheatley ayudaron mucho a Phillis. Pero en pocos años todos murieron. John Peters era otro esclavo liberado. Phillis se casó con él en 1778. John luchaba por que les alcanzara el dinero. Se hundieron en una pobreza terrible. Los tres hijos de Phillis murieron. John la abandonó. Algunos historiadores piensan que él tuvo que ir a prisión a causa de las deudas.

Phillis escribió muchas cartas. Por eso sabemos tanto de su vida, porque mucha gente guardó estas cartas.

En el siglo XVIII, la gente que no podía pagar sus deudas iba a la cárcel. Éste es el aspecto de una prisión en 1809.

Phillis se sumió en la pobreza. No pudo vender otro libro.

Murió en 1784 a la edad de 31 años. Nadie sabe con seguridad dónde está enterrada. Cincuenta años más tarde, Margaretta Odell escribió un libro acerca de Phillis. Era muy triste. Había que pagar un precio por ser negra en una sociedad blanca. Phillis fue valiente. Debemos recordar su lucha.

¡VALIOSO TESORO!

En 1998, se descubrió en un ático un poema de Phillis Wheatley titulado *Océano*. Se vendió por casi $70,000.

MARRIED, at her Father's Mansion, in Dux-
bury, by the Rev. Mr. Sanger, the amiable Mifs
NABBY ALDEN, youngeft Daughter of Colonel
Briggs Alden, of that Place, to Mr. BEZA HAY-
WARD, of Bridgewater.

Laft Lord's day died, Mrs. PHILLIS
PETERS, (formerly Phillis Wheatly)
aged 31, known to the literary world by
her celebrated mifcellaneous Poems. Her
funeral is to be this afternoon, at 4 o'clock,
from the houfe lately improved by Mr.
Todd, nearly oppofite Dr. Bulfinch's, at
Weft-Bofton, where her friends and ac-
quaintance are defired to attend.

NAVAL-OFFICE, Bofton, December 9.
E N T E R E D.
Brig Harriot. Sturgifs, New-York.
—— Independence, Londi, Martinico.
Sloop Sally & Polly, Sturgifs, New-York.
—— Ruby, Godfrey, N. Carolina.

Phillis murió el 5 de diciembre de 1784. Su obituario apareció en
el *Massachusetts Spy*. Publicado por un patriota norteamericano,
fue uno de los pocos periódicos que mencionó su muerte.

CRONOLOGÍA

1761—Phillis Wheatley
llega a Boston desde el
oeste de África.

1767—Se publica el
primer poema de Phillis.

1771—Phillis se une a la
Iglesia Old South de
Boston.

1773—Los Wheatley
liberan a Phillis.
Ocurre la Fiesta del Té
de Boston. Se publica el
libro de poesía de
Phillis. Es el primer
libro de poesía escrito
por un afroamericano.

1774—Muere la señora
Wheatley.

1778—Mueren el
señor Wheatley y Mary
Wheatley. Phillis se
casa con John Peters.

1784—Muere Phillis
Wheatley.

1786—El libro de Phillis
se imprime por primera
vez en Estados Unidos.

GLOSARIO

abandonar Irse sin planear regresar.

cultura (la) Las creencias, prácticas, arte y fe de una grupo de personas.

deudor(-ra) El que debe algo.

elogiada Ser tratada de forma especial.

historiador(-ra) Persona que estudia el pasado.

memoria (la) Recuerdo.

publicación (la) La producción de un libro o revista con el propósito de que la gente pueda leerlo.

secuestrados Persona llevada o retenida contra su voluntad.

sociedad (la) Un grupo de personas con tradiciones, actividades e instituciones similares.

SITIOS WEB

Debido a las constantes modificaciones en los sitios de Internet, Rosen Publishing Group, Inc., ha desarrollado un listado de sitios Web relacionados con el tema de este libro. Este sitio se actualiza con regularidad. Por favor, usa este enlace para acceder a la lista:

http://www.rosenlinks.com/fpah/pwhe

LISTA DE FUENTES PRIMARIAS DE IMÁGENES

Página 5: Mapa de África, de T. Cooke, 1771, grabado en color por Drake's Voyages, Londres, Inglaterra.

Página 7: *Vida y muerte del océano,* de Henry Howe, grabado de 1885, cortesía de Corbis.

Página 9: Anuncio de una subasta de esclavos convocada por William Yeoman, 1744, Gaceta de Charleston, Charleston, Carolina del Sur.

Página 10: *The New England Primer,* 1775, impreso y vendido en Providence, Rhode Island, cortesía de Bettman-Corbis.

Página 11: Biblia familiar de Brown, edición americana, lista de suscriptores, publicada por primera vez en Inglaterra en 1778, Sociedad Bíblica Americana, Nueva York.

Página 12: *Retrato del reverendo M. George Whitefield,* Biblioteca de Arte de Bridgeman.

Página 13: *En la muerte del reverendo George Whitefield. 1770,* escrito por Phillis Wheatley, grabado en Boston, Massachusetts, Biblioteca del Congeso, Washington D.C.

Página 15: *Un llamado al ateo,* manuscrito de Phillis Wheatley, Sociedad Histórica de Massachusetts.

Página 16: *Retrato de David Hume,* de Allan Ramsay, óleo sobre lienzo, 1766, Galería Nacional del Retrato, Edinburgo, Escocia.

Página 17: Carta de George Washington, 28 de febrero de 1776, de su propia mano, División de Manuscritos, Biblioteca del Congreso, Washington, D.C.

Página 19: Introducción al libro de poesía de Phillis Wheatley, escrita por John Wheatley, de Boston, Massachusetts, 1772, cortesía de la Biblioteca Pública de Nueva York, Colección de manuscritos y libros raros, Nueva York.

Página 20: *La Fiesta del Té de Boston*, grabado de W. D. Cooper, 1789, cortesía de la Colección de Phelps Stokes, División de arte, impresos y fotografías Miriam y Ira D. Wallach, Biblioteca Pública de Nueva York, Fundaciones Astor, Lenox y Tilden.

Página 21: *La batalla de Bunker Hill*, en 1775, pintura al óleo en memoria de John Trumbull en 1786, Biblioteca de Arte Bridgeman.

Página 23: *Phillis Wheatley, sirvienta negra del señor John Wheatley, de Boston,* se cree que fue grabado por Scipio Moorhead, para la portada de poemas sobre varios asuntos religiosos y morales de Phillis Wheatley, impreso por A. Bell, Aldgate, Inglaterra, 1773, cortesía de la Sociedad Histórica de Massachusetts.

Página 25: Retrato de Phillis Wheatley, se cree que está basado en un grabado de W. E. Braxton, impreso en Revue des Colonies, París, Francia, entre 1834 y 1842. División de Impresos y Fotografías, Centro Schomberg para la Investigación de la Cultura Negra, Biblioteca Pública de Nueva York, Nueva York.

Página 26: Carta manuscrita de Phillis Wheatley a Obour Tanner, 21 de marzo de 1774, Biblioteca del Congreso, División de colecciones especiales y libros raros, Washington, D.C.

Página 29: Obituario de Phillis Wheatley aparecido en el periódico *The Massachusetts Spy*, Boston, 16 de diciembre de 1784, Boston, Massachusetts, cortesía de la Colección de manuscritos y libros raros, Biblioteca Pública de Nueva York, Fundaciones Astor, Lenox y Tilden.

ÍNDICE

ACERCA DEL AUTOR

J.T. Moriarty, graduado de Oberlin College, estudió historia del arte y escribió crítica para *The Oberlin Review*. Vive en la ciudad de Nueva York con dos gatos, una tortuga y una marmota.